#balancetonmot

La liste des ouvrages des mêmes auteurs
figure en fin de volume.

Jean-Loup Chiflet
Marie Deveaux

#balancetonmot

Dénonçons les mots machos

PLON
www.plon.fr

12, avenue d'Italie
75013 Paris
Tél. : 01 44 16 09 00
Fax : 01 44 16 09 01
www.plon.fr
www.lisez.com

Composition : Nord Compo
ISBN : 978-2-259-26840-0
Dépôt légal : mars 2019

Avis aux lectrices et lecteurs

J'ai longuement hésité à coécrire ce livre avec Marie Deveaux, lexicographe et complice de longue date. Il n'était pas question que moi, machiste invétéré*, je collabore (*sic*) à un projet susceptible d'apporter de l'eau au moulin de redoutables féministes (pléonasme ?).

On se souvient que l'affaire Weinstein a été l'occasion pour certaines militantes en colère de se lancer à nouveau dans la stigmatisation

---

* Là, il exagère : « machiste », peut-être (et encore !), mais « invétéré », sûrement pas ! D'abord, cette complicité dont il parle n'aurait bien sûr pas duré aussi longtemps, mais surtout, comment aurais-je pu convaincre un « machiste invétéré » de faire avec moi cette impitoyable chasse aux mots machos ?
Il est vrai que les individus de cette sorte ne manquent pas. C'est d'ailleurs pour cela que nous avons réuni quelques citations affligeantes à la fin de cet ouvrage.

du sexisme de notre langue, mais en s'en prenant uniquement à la masculinisation de notre grammaire.

Pour se justifier, elles évoquaient, entre autres, la fameuse phrase du grammairien Nicolas Beauzée qui, en 1767, n'hésitait pas à déclarer que « le genre masculin est réputé plus noble que le féminin à cause de la supériorité du mâle sur la femelle ». Mais était-ce une raison pour imaginer la plus désopilante invention de ces derniers mois, l'écriture inclusive ? Non moins désopilante que la réaction de nos académiciens qui la désignaient d'abord comme un « péril mortel » avant de battre en retraite en suggérant que ce masculin était en réalité un « neutre ».

On était alors en pleine confusion des genres avant qu'Alain Rey, Bernard Pivot et d'autres ne tirent le signal d'alarme en ne voyant là qu'un bricolage susceptible de « nuire à l'esthétique de la langue ».

Beaucoup d'entre elles sont évidemment l'œuvre d'humoristes qui ne cherchent qu'à nous faire rire, mais certaines reflètent indéniablement la vision très machiste d'auteurs dont on ne soupçonnait pas forcément la misogynie.
Alors, nous les dénonçons aussi.

Marie Deveaux

Pourtant ces femmes révoltées soulevaient là un vrai problème, celui du machisme évident du langage. Pour elles, il était temps de promouvoir une culture de l'égalité, de féminiser la langue, voire de « changer les mots pour changer le monde », comme le proposait la linguiste féministe Florence Montreynaud.

Nous ne pouvions, Marie et moi, qu'être d'accord et abonder dans leur sens en constatant que la dénonciation des paroles sexistes pouvait aider à dénoncer les actes sexistes. Mais s'attaquer à la grammaire nous a semblé un combat inefficace et perdu d'avance.

Marie m'a donc persuadé que c'était d'abord à notre vocabulaire infiniment plus « sexuellement incorrect » qu'il fallait s'attaquer et je l'ai suivie avec enthousiasme parce qu'il est beaucoup plus facile à réformer.

La preuve : on n'a eu, souvenez-vous, aucun mal à se mettre au « politiquement correct », cette moralisation du langage introduite aux États-Unis dans les années soixante. Son principe, louable, de défendre minorités et opprimés en rectifiant les préjugés de langage a imposé le malvoyant, la technicienne de surface et autres hôtesses de caisse sans grande difficulté.

Il nous a par conséquent semblé qu'il était temps de se pencher sur la multitude de mots et d'expressions sexistes qui polluent notre langue et dont il est urgent de se débarrasser.

Nous avons donc décidé de traquer ces mots ouvertement ou sournoisement machistes et de les dénoncer. Des vocables péjoratifs qui n'ont pas de masculin aux mots qui le deviennent d'un coup de braguette (*sic*) magique au féminin, en passant par tous les substantifs qui n'ont pas de féminin, sans oublier les divers noms d'oiseaux ou autres animaux qui servent à qualifier les femmes.

Alors, dénonçons, dénonçons, il en restera toujours quelque chose…

Jean-Loup Chiflet

En guise de préambule

Tous les mots dont nous allons vous entretenir peuvent être qualifiés de sexistes, machistes, phallocrates ou encore misogynes et cela fait beaucoup d'adjectifs pour dire à peu près la même chose, enfin à peu près… car ils ne sont pas absolument synonymes. Ce qui les rend particulièrement intéressants c'est aussi leur histoire.

« Misogyne », du grec *miseins* (haïr) et *gyne* (femme), reste rare avant le XVIIIe siècle, avant que « misogynie » ne fasse son apparition un siècle plus tard pour désigner la haine ou le mépris des femmes. En 1972, surgissent ces trois autres adjectifs : sexiste, phallocrate et machiste.

Le premier formé d'après « raciste » décrit une attitude discriminatoire basée sur le sexe, tandis que le second (de *phallus*, sexe en érection, et *kratos*, pouvoir) désigne tout partisan de la domination des hommes sur les femmes et que le troisième (de l'espagnol *macho*, mâle) qualifie celui qui considère que l'homme est supérieur à la femme.

De là à conclure qu'il a fallu beaucoup de temps pour mettre des mots sur le comportement de certains hommes, il n'y a qu'un pas que nous franchissons allègrement.

L'honnêteté nous oblige cependant à dire qu'il existe quand même un mot pour qualifier ceux (ou celles) qui haïssent les hommes. Ce « misandre », du grec *miseins* (haïr) et *anthrôpos* (homme) existe depuis 1970, suivi par « misandrie » en 1974. On ne nous empêchera pas de penser que c'est parce qu'il est sans doute jugé moins indispensable. Et d'ailleurs, on ne l'entend jamais !

À moins que le sexe « dit faible » ne l'ait été trop pour se révolter plus tôt contre le sexe « dit fort » ?

Ils n'ont pas de masculin

Ces mots sont toujours féminins, ne s'appliquent qu'aux femmes et sont là pour les déprécier, que ce soit pour leur caractère ou leur comportement.

Mal-baisée

Une « mal-baisée » ? La pauvre, elle n'a pas eu la chance d'être comblée sexuellement et c'est forcément sa faute si ça se passe mal puisqu'il n'y a pas de « mal-baiseurs ». Quoique, en cherchant bien, on peut toujours trouver un vulgaire « mou du dard » ou un « impuissant », dont *Le Robert* nous explique qu'il est « incapable physiquement d'accomplir l'acte sexuel », nous confirmant qu'un homme ne peut pas « mal baiser ». Il peut ou il ne peut pas, point final.

Marie-couche-toi-là

Vous en connaissez, vous, des « Raymond ou des Marcel-couche-toi-là » ? Alors que notre pauvre « Marie-couche-toi-là » est une femme qui « accepte facilement les relations sexuelles », mais qui n'a pas l'idée de traiter l'homme répondant favorablement à ses avances de « Kevin-couche-toi-là ».

Nymphomane

Nos dictionnaires définissent « la nymphomane » comme « une femme trop désirante ». Mais on ne peut pas dire « le nymphomane » à cause de son étymologie, du grec *numphé* (jeune fille en âge d'être mariée) et *mania* (folie, fureur).

Le masculin de nymphomanie existe pourtant, c'est le satyriasis. Nous ne vous ferons pas l'injure de vous rappeler l'histoire de Satyre, cet être mythologique cornu aux jambes de bouc dont le nom sert à qualifier un individu lubrique ou plus couramment un obsédé sexuel. Dès lors, on comprend mal qu'on ne puisse le traiter de satyriasique, puisque ce mot existe depuis le XIXe siècle. Mais ce substantif reste cantonné au vocabulaire médical. Il faudrait quand même rétablir un juste équilibre entre les nymphomanes et les satyriasiques largement plus nombreux. Vous voulez des noms ?

Gendarmette

Vous avez été verbalisé par « un agent de police femme », vous voulez dire « une gendarmette » ? Pourquoi en effet ajoute-t-on ce suffixe pour former le féminin de gendarme puisque le féminin existe ? Parce qu'il sert aussi à former des noms désignant une forme plus petite : maison, maisonnette. Une gendarmette est donc une petite gendarme. Qu'on se le dise. Quant aux gendarmes, ils sont sûrement tous grands puisqu'il n'existe pas de « gendarmets ».

Ajoutons qu'une femme n'étant pourtant pas « gendarme » peut être ainsi requalifiée si on la considère, dixit *Le Robert*, comme une « personne, en particulier une grande femme, à l'air autoritaire et revêche ».

Grognasse (et autres -asses…)

Nous ne vous apprenons rien : le suffixe -asse est, dans la majorité des cas, plus que péjoratif. Il y a les grognards et les grognardes qui sont des gens qui ont l'habitude de grogner, mais les « grognasses », qui désignent les femmes acariâtres et antipathiques, n'ont pas de masculin ! De la même façon, on a pu ajouter ce suffixe au mot fille mais pas au mot garçon. Il y a donc des « fillasses » mais pas de « garçonnasses ». Ces fillasses, vous vous en doutez, sont des « filles sans distinction ». Et on ne vous parle pas des poufiasses, des chaudasses, des radasses, des pétasses, des blondasses… la liste est trop « longuasse » pour que nous vous l'imposions.

Quant au fainéant, vous pouvez certes le traiter de faignasse, mais s'il est vraiment très, très paresseux, il va se transformer non pas en un gros faignasse mais en **une** grosse faignasse ! CQFD.

Bagasse

Encore une insulte en -asse. Vous avez sans doute remarqué que nous avons laissé de côté certaines injures tellement ouvertement sexistes qu'elles n'ont besoin d'aucun commentaire comme « roulure », « traînée », « cagole », « suceuse de bite » et autres « crasseuses »...

Ces points de suspension ne suffisent évidemment pas pour les évoquer toutes tant elles sont nombreuses. En tout état de cause, elles relèvent de l'argot de toujours ou de celui des djeuns des banlieues que nous maîtrisons assez mal.

Emmerdeuses...

Georges Brassens chantait :

Misogynie à part, le sage avait raison :
Il y a les emmerdantes, on en trouve à foison,
En foule elles se pressent,
Il y a les emmerdeuses, un peu plus raffinées,
Et puis, très nettement au-dessus du panier,
Y a les emmerderesses...

Et qui est le sage qui a écrit cette phrase : « Il y a trois sortes de femmes : les emmerdantes, les emmerdeuses et les emmerderesses » ? Le grand Paul Valéry, originaire comme l'ami Brassens de la bonne ville de Sète, qui du fait même, ne nous semble pas être un gynécée de tout repos.

Remarquez qu'on lui doit également : « La plus belle fille du monde ne peut donner que ce qu'elle a... Mieux vaut souvent qu'elle le garde ! » et « Les femmes sont mélange de désir d'une certaine brutalité et de l'exigence d'immenses égards. Elles adorent la force, mais une force qui parfois s'incline, et un tigre qui tantôt dévore et tantôt se fait descente de lit. »

Et l'illustre poète n'a pas seulement inspiré Brassens. Sacha Guitry et Frédéric Dard lui ont emboîté le pas pour répartir la gent féminine en trois catégories.

Pour le premier : « Il y a devant l'amour trois sortes de femmes : celles qu'on épouse, celles qu'on aime et celles qu'on paie. Ça peut très bien être la même. On commence par la payer, on se met à l'aimer, puis on finit par l'épouser. »

Et pour le second, nettement plus trivial : « Il existe trois catégories de femmes : les putes, les salopes et les emmerdeuses. Les putes couchent avec tout le monde, les salopes couchent avec tout le monde sauf avec toi, les emmerdeuses ne couchent qu'avec toi. »

Pisseuse

En évoquant notre livre dans les dîners en ville et autres réunions de famille, nous avons noté sans surprise des réactions très différentes entre nos auditoires masculins et féminins. La gent féminine montrait de l'enthousiasme mais surtout une compréhension immédiate de notre propos, alors que les hommes les moins suspects de machisme ou de la moindre parcelle de misogynie intervenaient en toute bonne foi. Quand nous parlions de tous ces mots péjoratifs qu'on emploie pour les filles, comme « pisseuse », la réponse ne se faisait pas attendre.

Paul : « Pisseuse, c'est pas péjoratif, c'est comme ça que j'appelais affectueusement mes filles quand elles étaient petites. »

Nous : « Et ton fils, tu l'appelais tendrement "pisseur" ? »

Il n'y a donc pas de « pisseur ». En revanche, il n'y a pas que les garçons qui peuvent être « chieurs » puisqu'il y a des « chieuses »...

Mégère, harpie, furie

Quittons le domaine de la grossièreté et devenons plus littéraires…

Nous avons réuni ces trois mots parce qu'ils sont considérés comme des synonymes, surtout mégère et harpie : « femmes acariâtres, emportées et méchantes ». Pour la furie, c'est un peu différent, c'est : « une femme emportée par la fureur, qui donne libre cours à sa colère et à sa haine ».

Ce qui nous amuse plus, c'est que ces substantifs nous ramènent aux mythologies grecques et romaines. « Mégère » vient de *Megaira*, nom latin d'une des trois déesses infernales de la mythologie grecque, les Érinyes. Elles ont été rebaptisées *Furia* dans la mythologie romaine. Les Harpies (en latin, *Hárpuiai*) sont aussi des divinités grecques, puis romaines. Monstres à corps d'oiseaux, symboles de la vengeance divine et de la dévastation.

Furia, devenu « furie », désigne une « femme méchante qui se laisse emporter par sa colère ». Puis « harpie », d'abord une « personne avide, rapace », se transforme en une « femme méchante et acariâtre ». Et « mégère » devient, elle, une « femme hargneuse et acariâtre ».

Les hommes ont plus de chance : quel homme n'a pas envie d'être un hercule, un apollon ou même un cupidon : « enfant ou adolescent d'une grande beauté » ?

Objection, Votre Honneur, car il y en a une qui tire son épingle du jeu, c'est Vénus. Elle a donné naissance à l'expression « sacrifier à Vénus », censée désigner élégamment l'acte sexuel. Comme on ne savait pas bien qui se sacrifiait, elle est tombée en désuétude.

N'oublions pas quand même qu'elle peut désigner une très belle femme : « Quelle Vénus, cette fille ! » Mais on privilégie, hélas, maintenant : « Elle est canon, cette fille ! » Pourquoi pas mitraillette pendant qu'on y est ?

À noter que, contrairement à « bimbo » qui loue aussi la beauté physique, « canon » n'est absolument pas péjoratif.

« Bimbo » suggère une poitrine opulente et, comme on ne peut pas avoir en même temps des gros seins et un gros cerveau, la bimbo est « souvent superficielle » (*Larousse*).

Virago

Virago n'a évidemment pas de masculin puisqu'il s'agit d'un mot latin qui qualifiait « une femme forte ayant le courage d'un homme ». Jusque-là, rien à dire. Et pourtant, au fil des temps, son sens a évolué. De telles femmes ne pouvant pas être considérées comme « normales ».

La « virago » s'est transformée en « femme aux allures masculines et autoritaires » et même, selon certains dictionnaires, en « une femme criarde ». Misogyne, notre vocabulaire ?

Amazone

Autre dérive peu flatteuse et inexpliquée, voire inexplicable. Car si l'on peut comprendre que l'on ait donné le nom de ces guerrières d'Asie mineure aux femmes qui montaient à cheval en jupe longue, on s'explique mal pourquoi elles deviennent des prostituées qui racolent en voiture. Peut-être parce que ces cavalières chevauchaient dans les bois et que le racolage automobile est toujours en vogue dans le bois de Boulogne ? Allez savoir…

Hétaïre

Même si ce mot censé désigner une prostituée est littéraire, il n'en demeure pas moins que cette définition est peu flatteuse pour les hétaïres grecques, courtisanes certes, mais d'une culture raffinée qui les mettait largement au-dessus des autres prostituées.

Messaline

Les débordements de la célèbre épouse de l'empereur romain Claude ont marqué l'histoire et son nom a longtemps qualifié une femme aux mœurs dissolues. Une référence quasiment disparue de notre vocabulaire suffisamment pourvu de mots stigmatisant ces pauvres femmes.

Sainte-nitouche

Cette sainte qui n'en est pas une, et que l'on découvre chez Rabelais, fait référence à toute personne qui « n'a pas l'air d'y toucher », genre… hypocrite.

Et si l'on peut traiter indifféremment un homme ou une femme hypocrite de sainte-nitouche, ne vous y trompez pas. Une femme sainte-nitouche n'est pas seulement hypocrite, elle « joue la prude » qu'elle n'est sûrement pas, alors qu'elle ne pense qu'à ça…

Godiche

N'importe qui peut avoir l'air godiche, maladroit ou niais, mais ô surprise, quand cet adjectif devient un nom, il est féminin, et si l'on peut affirmer : « Cette fille est une godiche », on n'évoquera jamais « un godiche ».

Chipie ou peste ?

« Chipie », qui viendrait de « chiper » et de « pie » pour désigner « une femme ou une fille acariâtre et désagréable », ne se met évidemment jamais au masculin ! « Peste », un de ses synonymes, a une histoire plus contrastée. En effet, cette grave maladie a désigné, au XVe siècle, par extension, une « personne ou chose nuisible, funeste, pernicieuse ». Aujourd'hui, le mot s'appliquerait

« plus précisément à une femme ou fillette insupportable, méchante », selon notre *Robert* national.

Rombière

Attention, une « vieille rombière », c'est un pléonasme, puisqu'il s'agit d'une « femme, généralement âgée » ou d'une « bourgeoise d'âge mûr ». On ignore l'origine de ce terme, mais depuis le XIXe siècle elle est, au choix, « ennuyeuse, prétentieuse, ridicule ou laide ».

Comme d'habitude, pas plus de « rombier » à l'horizon, seulement un « vieux birbe » (de l'italien *birbo*, coquin) pour faire allusion à « un vieillard rétrograde et ratiocinant ». Mais bien sûr, il n'est ni prétentieux ni laid, lui…

Pimbêche et mijaurée

Un homme peut être prétentieux, hautain et crâneur, bêcheur ou encore chichiteux ; même punition pour une femme qui peut donc être prétentieuse, hautaine, crâneuse, bêcheuse ou chichiteuse. Certes, mais en prime, on peut la traiter de « pimbêche », ou de « mijaurée », ce qui est inconcevable pour un homme. Car Marcel n'est jamais pimbêche et Jean-Robert n'est pas mijaurée non plus...

Pécore

Une grenouille vit un bœuf [...]
La chétive pécore
S'enfla si bien qu'elle creva.

Pour La Fontaine, « pécore » est encore un animal, une bête, mais ce mot avait pris aussi le sens figuré de « homme ou femme stupide ».

Et voilà-t-y pas que, au XIXe, il se transforme en « femme sotte, prétentieuse et impertinente ».

Heureusement, merci la désuétude, on ne l'entend pratiquement plus.

Gourde

Familièrement, « une gourde » est une « personne niaise, maladroite », mais a-t-on déjà traité un homme de gourde ? Hélas non, d'ailleurs, *Robert*, encore lui, précise : « plus courant en parlant d'une femme ».

On peut stigmatiser la niaiserie d'un garçon par un « Quel gourde ! » mais, c'est rare, très rare…

Garçon manqué

Les filles ne le sont jamais ! On pourrait s'en réjouir mais le *Dictionnaire de l'Académie* de 1935 définit le « garçon manqué » comme une « petite fille turbulente, qui a les allures ou les goûts d'un garçon ».

Pourquoi cette fille qui prend des allures de garçon est-elle « manquée » plutôt que garçonnière ? Lui manquerait-il quelque chose ?

Et personne n'aura l'idée de traiter un garçon qui se donne « des allures de filles » de « fille manquée ». On dira plutôt qu'il est « efféminé ».

Entendu à ce sujet dans le documentaire d'Hélène Milano *Les Roses noires* sur les adolescentes de banlieue et leur langage : « Ça aide d'être un garçon manqué », « Si t'es une fille, on te marche dessus… t'as besoin d'être un garçon manqué. »

Question subsidiaire : mais où sont les filles réussies ?

Gourgandine

À l'origine, sans doute en rapport avec goret (jeune cochon), gourgandine a eu un masculin. Mais « gourgandin » désignait fort gentiment un coureur de jupons. La gourgandine, elle, se transforme malheureusement en « une femme de mauvaise vie » ou « une femme facile dévergondée ».

Mais que fait la police (des mœurs...) ?

Douairière

Autrefois, une douairière était une honnête veuve qui jouissait des biens que lui avait laissés son mari. Est-ce parce qu'elle était, de ce fait même, jalousée que le sens a dérapé insensiblement vers une femme âgée aristocrate ou grande bourgeoisie jugée hautaine et sévère ?

Matrone

De la même façon, le mot matrone (*matrona*), qui désignait simplement l'épouse d'un citoyen romain, s'est vite imposé pour une femme d'âge mûr à l'allure imposante. Puis, une fois de plus, allez savoir pourquoi, cette dernière s'est transformée en une « femme corpulente à l'allure vulgaire » !!!

Ça commence à bien faire !

Greluche

Greluche, mais oui, a eu un masculin : « greluchon », qui était « l'amant de cœur d'une femme entretenue par un autre homme » et qui a disparu. Dommage, car son étymologie supposée, un calembour sur grelot (testicules), le rendait plutôt rigolo.

Il n'est resté que « greluche » : « jeune femme aux mœurs légères » dont la connotation sexuelle s'est évaporée pour s'appliquer péjorativement à n'importe quelle femme que l'on ne tient pas en haute estime.

Péronnelle

Pas de pendant masculin puisque c'est le nom de l'héroïne d'une chanson célèbre au XVe siècle. L'expression « chanter la péronnelle » est vite devenue synonyme de « dire des sottises », et « péronnelle » est entrée dans le langage courant pour désigner une femme sotte et bavarde. C'est d'ailleurs dans ce sens que Molière fait dire à Chrysale, dans *Les Femmes savantes* : « Taisez-vous, péronnelle ! »

Le mot a traversé les siècles, mais il est qualifié de vieilli par nos dictionnaires. Le pauvre !

Garce

« Garce » était au XIIe siècle le féminin de « gars » et a désigné, jusqu'au XVIe siècle, une (vraie ?) « jeune fille ». Mais les choses se sont gâtées et elle s'est transformée, au fil du temps, en fille de mauvaise vie, puis en fille méchante, mauvaise ou désagréable et nous en passons…

Toupie

La toupie tourne comme la femme dévergondée qui tourne « en toutes mains », ainsi qu'on le disait au XVIIIe siècle. Mais elle s'est peu à peu assagie sans devenir pour autant fréquentable, car on va lui reprocher son caractère et son comportement en la taxant de femme ridicule, sotte, affectée, désagréable… et si, en plus, elle est vieille, c'est la totale !

Gonzesse

Oui, « gonze », le masculin de « gonzesse », existe bien même s'il est caractéristique d'un argot un peu dépassé, mais ce qui est étonnant voire drôle (quoique), c'est de constater que lorsqu'un homme se comporte lâchement ou qu'il adopte une attitude jugée féminine, on le traite de « gonzesse ».

Ajoutons que gonzesse n'est pas forcément péjoratif, mais y a-t-il des femmes qui ont envie d'être appelées ainsi ?

Nana

Le cas de « nana » est plus complexe car il a suivi un chemin inverse des précédents. Diminutif du prénom Anna, il a d'abord été en argot la femme d'un souteneur. Puis, popularisé par le roman éponyme d'Émile Zola, il est peu à peu entré dans le langage courant où il signifie à la fois petite amie, jeune femme ou jeune fille. Il n'est pas vraiment péjoratif, pas vraiment flatteur non plus.

Catin

Contrairement à « nana », le mot « catin » a, dès son apparition au XVIe siècle, pris le sens de prostituée et l'a gardé. Nombre d'auteurs, parmi les plus grands, s'en sont emparés. Madame de Sévigné : « Puisqu'elle a de si grandes qualités, pourquoi s'est-elle fait catin ? » ; Diderot : « Mes idées, ce sont mes catins » ; Sándor Petőfi : « Qu'est-ce que l'espoir ? Une catin qui nous séduit pour se faire tout donner », pour ne parler que d'eux.

Pute, putain

Si le mot « catin » peut être qualifié de littéraire (c'est d'ailleurs une précision trouvée dans notre *Larousse*), pute et putain appartiennent indiscutablement au registre péjoratif et vulgaire, et leur sens premier est « prostituée », au féminin bien sûr.

Mais ces mots s'appliquent aussi aux hommes : « Quelle pute, ce mec ! » ou encore « Il n'hésite pas à faire la putain ! », mais s'ils prennent un sens figuré avec une connotation méprisable, ils n'impliquent pas forcément que les individus ainsi qualifiés se livrent au commerce de leurs charmes.

Dans son joyeux *Parler des métiers*, Pierre Perret nous apprend que l'on retrouve le mot « pute » chez les boulangers, les pâtissiers et chez les ébénistes. Les premiers désignent ainsi le tabouret qui se trouve dans leur laboratoire pour accéder aux étagères. Pourquoi ? Parce que « tout le monde monte dessus » !

Quant aux ébénistes, c'est un « support réglable qui sert à tout » qu'ils appellent une « pute ». Sans commentaire !

Prostituée

Si vous cherchez ce mot dans vos dictionnaires, vous trouverez : « Prostitué, prostituée : personne qui se livre à la prostitution, qui a des rapports sexuels avec quelqu'un qui la paie. » Vous pouvez donc en déduire que ce vocable a bien un masculin et qu'il s'applique aussi bien aux hommes qu'aux femmes. Cette déduction est un peu contredite par l'usage car il y a très peu de prostitués mâles. Et ce qui est encore plus intéressant, c'est que les synonymes proposés par nos ouvrages sont tous féminins.

Larousse : « catin (littéraire), cocotte (vieux), femme (fille) galante, gourgandine, grue (populaire), hétaïre, péripatéticienne, poule (populaire), putain (populaire), pute (populaire) ».

Robert : « péripatéticienne, professionnelle ; *familier* : catin, morue, pétasse, pouffiasse, putain, pute, roulure, traînée ; *littéraire* : hétaïre ; *vieux* : cocotte, courtisane, gaupe, gouine, pierreuse, vadrouille ; *argot* : gagneuse, tapin, tapineuse ; *de luxe* : call-girl, escort-girl, amazone ».

Nous vous épargnons la quarantaine de synonymes qui figurent dans la dernière édition du *Dictionnaire des synonymes** paru aux éditions du Robert ainsi que la centaine que propose Wikipédia…

Certes, la langue est le reflet de notre société et puisque, selon les statistiques de la prostitution en France, 90 % des personnes qui s'y livrent sont des femmes, il est logique que le vocabulaire concerné soit majoritairement féminin.

Majoritairement ? Oui, car il existe quand même deux mots servant à qualifier les hommes

---

* L'édition de 1992 de ce même ouvrage en indiquait plus de 200. Faut-il en conclure que les choses évoluent… ?

faisant commerce de leurs charmes : gigolo et escort-boy, sans oublier prostitué déjà cité.

« Gigolo », apparu vers 1900, désignerait le « jeune amant d'une femme plus âgée qui l'entretient », mais il peut aussi s'agir d'un « jeune homme dont les moyens d'existence paraissent douteux » : on lui laisse le bénéfice du doute en quelque sorte !

Quant au collègue masculin de l'escort-girl, une « femme payée pour accompagner un homme dans ses activités mondaines et parfois pour avoir des relations sexuelles avec lui », il a mis plus de quinze ans qu'elle à entrer dans notre vocabulaire !

Dernière précision qui se passe de commentaires, la call-girl, « prostituée que l'on appelle chez elle par téléphone », n'a pas d'homologue masculin…

Demi-mondaine

A-t-on coupé la mondaine en deux dans le sens de la largeur ou de la hauteur pour qu'il n'en reste qu'une demie ? Nous laissons la réponse à votre imagination.

Plus sérieusement, ce mot, qui désignait les femmes de mœurs légères et pour lesquelles les services de police avaient même créé un département spécial, n'est quasiment plus employé aujourd'hui. Il n'empêche qu'il a été très en vogue du temps du Quai des Orfèvres, et qu'il n'avait pas de masculin.

Femmelette

Femmelette, hommelette. Eh non, femmelette, qui désignait à l'origine une femme petite ou faible, n'a jamais eu de masculin. Aujourd'hui, ce mot ne sert plus qu'à qualifier un homme et de manière péjorative pour stigmatiser sa faiblesse, son manque d'énergie, voire sa lâcheté… on n'ose pas dire sa féminité mais on y pense !

Marâtre

Ce mot a eu un masculin, « parâtre », mais on ne l'entend plus et il n'a jamais été utilisé dans un sens péjoratif. La « marâtre », elle, est passée du statut de belle-mère des enfants issus d'un mariage précédent à celui de belle-mère désagréable (voir *Cendrillon* et autres contes de fées), voire de mauvaise mère. Et comme il n'y a probablement pas de beau-père, ni de père méchant, « parâtre » a disparu des radars…

Féministe

On peut bien sûr dire **un** féministe, mais reconnaissez que les occasions manquent un peu d'utiliser ce masculin.

« Féministe » a aussi un contraire : « masculiniste », vous l'ignoriez ? Nous aussi, mais le fait est là, ce mot serait issu de « masculinisme » défini ainsi par le journal *L'Humanité* en 2013 : « Le masculinisme est une mouvance qui propose le rétablissement de valeurs patriarcales sans compromis : différenciation radicale des sexes et de la place de l'homme et de la femme. »

En fait, on n'a pas vraiment besoin de ce mot pour qualifier les partisans de cette « mouvance », puisque nous avons déjà sexisme, machisme, phallocratie, misogynie, antiféminisme… et si les choses évoluent, on pourra peut-être s'en passer un jour.

Cougar

Et pour finir, une devinette.

Comment appelle-t-on une femme dont le mari ou le compagnon a vingt ans de moins qu'elle ?

Une cougar.

Comment appelle-t-on un homme dont la femme ou la compagne est de vingt ans sa cadette ?…

Ils deviennent péjoratifs au féminin

Il existe une foule de mots qui, en passant du masculin au féminin, ne changent pas seulement de genre mais de sens et qui, dans la plupart des cas, ont une connotation sexuelle dont le moins qu'on puisse dire est qu'elle est plus que négative.

Courtisan > courtisane

De l'italien *corte* (cour), le mot « courtisan » désignait, au XVe siècle, toute personne fréquentant la cour d'un souverain. L'environnement des puissants étant ce qu'il est, il a vite pris un sens figuré pour désigner ceux qui cherchent à plaire aux gens influents en les flattant. Les vils flatteurs, les flagorneurs, et plus vulgairement, les lèche-bottes se sont donc vus traités de « courtisans », et sans doute les viles flatteuses, les flagorneuses et autres lèche-bottes féminines de « courtisanes ».

Pas tout à fait, car au XVIe siècle, la « courtisane » s'est transformée en femme entretenue puis en femme qui vend ses faveurs.

Et Victor Hugo ne s'y est pas trompé : « Il est utile à un courtisan d'être un homme plat : il est désastreux à une courtisane d'être une femme plate. »

Entraîneur > entraîneuse

Un entraîneur entraîne ou, comme on a tendance à dire aujourd'hui, « coache », un sportif ou un cheval par exemple… Une entraîneuse est une femme qui fait profession d'entraîner les clients au bar d'une boîte de nuit à consommer un maximum et si possible du champagne de qualité.

Mais comme lesdits clients se laissent parfois entraîner à l'insu de leur plein gré vers d'autres plaisirs que la morale réprouve, l'entraîneuse est évidemment suspectée de faire aussi, et peut-être même surtout, profession de ses charmes.

Facile > facile

Une femme « facile » ? C'est une femme qui couche facilement. Aucune connotation sexuelle en revanche pour l'homme « facile », qui se contente d'être gentil et de bonne composition.

Ça se complique lorsqu'on applique cet adjectif aux enfants. Un « enfant facile » est un « enfant docile », mais quand cet enfant est de sexe féminin, il devient hasardeux de parler de « fille facile ».

Pour Pierre Desproges : « Facile : se dit d'une femme qui a la moralité d'un homme. » Étonnant, non ?

Public > publique

A priori, ce qui est public est : « connu de tout le monde ». Exemple : « un personnage public », et il peut s'agir aussi bien d'une femme que d'un homme. Ce sont des personnes que tout le monde connaît et cela n'a donc rien de péjoratif, mais la « fille publique », c'est carrément une prostituée.

Dans la vraie vie, les adjectifs « professionnelle » et « gagneuse » sont aussi synonymes de

« prostituée », alors qu'au masculin les hommes s'en tirent encore une fois avec les honneurs dus à leur insupportable suprématie.

Péripatéticien > péripatéticienne

Mais qu'ont en commun un disciple d'Aristote et une prostituée qui racole ses clients en marchant ? La marche, justement. Au cas où vous l'auriez oublié, Aristote enseignait la philosophie en marchant avec ses étudiants. En grec *peri* (autour) et *patein* (marcher sur, fréquenter) ont donné le verbe *peripatein* (se promener en conversant), lui-même devenu *perpatetikos* (qui aime à se promener en discutant). Vous suivez ? Tant mieux, car c'est ainsi que le péripatéticien se retrouve disciple d'Aristote.

Plus tard, l'argot estudiantin a détourné le mot pour qualifier « ce qui s'effectue en marchant ». Il n'en a pas fallu plus pour que, au XIXe siècle, le mot se féminise péjorativement et c'est ainsi qu'une femme « qui fait le trottoir » se transforma en péripatéticienne. Pauvre Aristote !

Allumeur > allumeuse

Une « allumeuse » est « une femme qui aguiche les hommes pour susciter leur désir ». L'« allumeur » mâle, lui, n'existe pas. Il se contente d'allumer les réverbères. Les hommes, eux, séduisent, ils flattent, ils peuvent même aguicher. Mais attention, on ne peut pas les traiter d'aguicheurs, puisque cet adjectif ne s'emploie pratiquement qu'au féminin.

Résumons-nous. Une femme qui fait des avances à un homme est une allumeuse, un homme qui fait des avances à une femme est un séducteur. Ces séducteurs, lorsqu'ils sont des harceleurs, se défendent en disant qu'ils ont eu affaire à des allumeuses, bien sûr ! On s'en doutait, évidemment !

Compère > commère

Compère le Renard se mit un jour en frais,
et retint à dîner commère la Cigogne.
(Le Renard et la Cigogne)

Ma commère la carpe y faisait mille tours
Avec le brochet son compère.
(Le Héron)

Le compère et la commère, il y a bien longtemps, étaient le parrain et la marraine, puis au XIIe siècle, ils sont devenus synonymes d'amitié et de complicité, comme dans ces fables de La Fontaine. Ce sont donc des amis et que font des amis quand ils se rencontrent ? Ils bavardent...

Et c'est là que ça se corse. Comme par hasard, mais en est-ce vraiment un, ces bavardages futiles et parfois malveillants deviennent l'apanage des femmes. Les compères restent des compagnons, des camarades, mais les commères, elles, sont des femmes, ou même des hommes, qui parlent inconsidérément et colportent des propos malintentionnés.

Plus tard, ragots, médisances, racontars et autres vilains potins, même s'ils émanent d'un homme, ont été qualifiés de « commérages » et non de « compérages », ce qui aurait pourtant été plus logique.

> Dans *La Femme au foyer*, ouvrage publié en 1941, Judith Robinson, sans doute une honnête mère de famille..., après avoir énuméré les « vertus et qualités de la femme, épouse et mère [...] qui lui sont assez [*sic*] souvent naturelles : le dévouement, la bonté,

la patience, le tact et l'égalité du caractère », poursuit sous le titre « Des défauts à combattre » – texte que nous reproduisons *in extenso* :

« Voilà les principales qualités que la femme doit développer en elle ; mais il est bon d'ajouter qu'elle devra encore s'efforcer de combattre certains défauts, qu'à tort ou à raison [re-*sic*], on prête largement aux femmes.

« On dit qu'elles sont **vaniteuses***, **coquettes**, **bavardes** et que ce sont souvent les autres qui font les frais de ces bavardages. Or que de brouilles sont dues à la langue. **La jalousie**, **l'envie** empoisonnent bien souvent les relations. Enfin, je crois utile d'attirer l'attention sur un défaut qui jouit souvent d'une indulgence presque sympathique et qui pourtant est des plus nuisibles : la susceptibilité. Elle gâte et corrompt jusqu'à l'amitié !

« Riche des qualités dont nous avons parlé, dépourvue des défauts que nous venons de signaler, la femme sera à la hauteur de ses devoirs de famille. »

* Ce n'est pas nous qui soulignons.

Léger > légère

Le cas de « léger » est plus délicat. Il cumule plusieurs significations et pas toujours flatteuses. Toute personne qui manque de profondeur, de sérieux, qui est inconséquente, étourdie, inconstante, voire volage, est *a priori* légère... Mais si l'on dit d'un homme qu'il est léger, on ne fait évidemment pas allusion à son comportement sexuel, on préférera « coureur » ou « cavaleur », très familiers et même vulgaires.

En revanche, il n'y a aucune ambiguïté : lorsqu'une femme est dite « légère », c'est à ses mœurs que l'on pense. Et pour bien enfoncer le clou, notre cher *Robert* nous précise que la locution « avoir la cuisse légère » signifie : « être une femme facile ».

Sauteur > sauteuse

« Ne compte pas sur lui, c'est un sauteur. » Un sauteur est en effet un homme peu fiable à qui l'on ne peut pas faire confiance et ça n'est évidemment pas un compliment. Mais si vous qualifiez une femme de sauteuse, ce n'est plus du tout à son manque de fiabilité que vous faites allusion, mais devinez quoi ? À ses mœurs…

Maître > maîtresse

« C'est une maîtresse formidable ! » « De qui parles-tu ? De la professeure des écoles de ton fils ou de la personne avec qui tu trompes ta femme ? » Les maîtres et les maîtresses d'école n'existent plus, remplacés par les professeurs et les professeures des écoles, mais les femmes qui détournent d'honnêtes maris de leurs devoirs sont toujours des maîtresses. Leurs homologues masculins sont, quant à eux, des amants et non des maîtres.

Des maîtres ? Parlons-en !

Essayez sans rire de féliciter une amie à la sortie d'une réunion en féminisant quelques expressions courantes : « Bravo, ta proposition, c'est vraiment un coup de maîtresse. Tu es vraiment passé maîtresse dans l'art de régler certains problèmes. Tu les as convaincus en maîtresse… »

Et comment appelle-t-on une monitrice qui enseigne l'équitation, une architecte qui dirige un chantier, une femme responsable d'un équipage de chasse à courre… si vous répondez une maîtresse de manège, une maîtresse d'œuvre, une maîtresse d'équipage, vous avez tout faux. Ces femmes sont respectivement maître de manège, maître d'œuvre et maître d'équipage.

Amante ou maîtresse ? L'amante, c'est celle qui aime et qui est aimée, mais pas forcément celle qui fait l'amour ou à qui on fait l'amour. La littérature est nourrie de belles histoires d'amantes et d'amants mythiques. Roméo et Juliette, Abelard et Héloïse, et bien d'autres qui, d'après ce que nous en savons, n'auraient pas connu le péché de chair. Pour la maîtresse, il n'y a aucune ambiguïté possible et il n'existe pas, ni en littérature ni ailleurs, de maîtresse vierge…

Dans « maîtresse », il y a surtout cette idée de domination inexistante dans la réalité, sauf dans certains rapports sadomasos. On respecte mieux l'amante et, comme elle évoque l'« aimant », on peut difficilement lui résister. Pourtant elle est moins collante que la maîtresse qui devient souvent envahissante et avec laquelle l'homme a des rapports plus sulfureux qu'avec l'amante. On ne dit pas une « maîtresse de cœur » mais une « amante de cœur », car on a avec elle des rapports plus désincarnés, plus platoniques qu'avec la maîtresse. On dit aussi une « maîtresse d'école » et non pas une « amante d'école » (c'est juste une hypothèse d'école...). Puisque nous sommes dans le scolaire, restons-y avec le maître (d'école) qui est bien le nom masculin de maîtresse ; alors que le masculin d'amante n'a rien de commun avec ce maître-là, si ce n'est... la trique.

Quand la femme choisit, elle prend un amant, ainsi Mme Bovary ou Lady Chatterley. Quand l'homme choisit, il prend une maîtresse, ainsi Casanova ou Don Juan.

Ce serait de très mauvais goût d'imaginer que les rapports d'un homme avec sa maîtresse seraient uniquement physiques et non intellectuels, car on ne dit pas une maîtresse à penser.

Pour faire référence à un couple amant/amante, on dit qu'ils sont amants et non qu'ils sont « maîtresses », et en société on ne dit pas ma « maîtresse » aussi facilement que mon « épouse » et ce pour une raison simple : une maîtresse implique une relation extraconjugale. Rien de choquant par contre à présenter son « amant » qui n'a pas une connotation obligatoirement adultérine.

Honoré de Balzac disait : « Il est plus facile d'être amant que mari. » Il est vrai qu'avec un tel prénom il savait de quoi il parlait...

Perdu > perdue

On peut dire d'un homme qu'il est perdu s'il s'est égaré quelque part, s'il est malade et ne peut plus être sauvé, s'il est absorbé dans ses pensées ; il peut même avoir perdu la tête au point de « courir comme un perdu »... mais ses mœurs ne sont pas en cause. Ce qui n'est malheureusement pas le cas d'une fille ou d'une femme « perdue » qui, dans le meilleur des cas, est une femme dont la réputation est gravement compromise, mais surtout une débauchée et, comme nous le rappellent nos dictionnaires, une prostituée.

Coco > cocotte

On vous l'accorde, « coco » n'est pas toujours un compliment pour un homme. « Toi, mon coco, tu ne perds rien pour attendre », « C'est un drôle de coco celui-là ! »... Rien à voir cependant avec le sens que prend le mot quand il se féminise. Si vous pouvez éventuellement menacer une personne de sexe féminin en lui disant : « Toi, ma cocotte, tu ne perds rien pour attendre », elle ne se sentira pas insultée.

Mais si vous la traitez de « drôle de cocotte », il y a de fortes chances pour qu'elle le prenne très mal car « cocotte » est devenu synonyme de fille ou femme de mœurs légères, courtisane, demi-mondaine et… ? De poule ! Pas la femelle du coq bien sûr, car *dixit* nos dictionnaires : une cocotte est « [une] femme facile, [une] prostituée » et aussi la « maîtresse d'un homme », avec un fort arrière-goût de vénalité.

Ce que confirme, semble-t-il, cette citation d'Aragon : « Cet homme grave, ce protestant qui entretient une poule. »

Gueux > gueuse

On ne désigne plus un miséreux, un clochard ou un va-nu-pieds par « gueux », qui nous vient du néerlandais *guit* qui signifiait fripon, sens qu'il avait également pris et qui a, lui aussi, déserté notre vocabulaire.

Par contre, son féminin « gueuse », apparu au XVIIe siècle pour parler d'une femme de mauvaise vie, même s'il se fait plus rare, est encore utilisé, ne serait-ce que dans l'expression « courir la gueuse ». Ce sont les hommes évidemment qui se livrent à cette coupable activité, mais leur reproche-t-on vraiment de s'intéresser à cette femme bien peu fréquentable ? Elle n'a sans doute que ce qu'elle mérite !

Respectueux > respectueuse

C'est quand il devient un nom féminin que cet adjectif change de sens. Et quel sens ! Quiconque éprouve, témoigne ou marque du respect peut être qualifié de respectueux ou de respectueuse, mais « une respectueuse » depuis la pièce de Jean-Paul Sartre en 1948 (*La P… respectueuse*), c'est… une prostituée.

Bon > bonne

En général cet adjectif est plutôt du genre positif, sauf quand « bon » devient « bonne ». Citons encore notre *Robert* : « Se dit d'une femme sexuellement attirante » et « Se dit d'une femme qui fait bien l'amour (cf. un bon coup). » Et la définition d'« un bon coup » dans un dictionnaire de l'argot est sans appel : « Une fille sexuellement douée ».

« Un homme bon / une femme bonne » : rien à dire, mais par contre, une « bonne femme » n'a rien à voir avec une « femme bonne ». L'expression « remède de bonne femme » que nous verrons plus loin en est la parfaite illustration.

Consolons-nous avec Shakespeare : « Rien n'est bon ni mauvais en soi, tout dépend de ce que l'on en pense. »

Honnête > honnête

Nous sommes d'accord : pas de différence entre « un homme honnête » et « une femme honnête » qui sont des personnes dont on loue la probité. Mais si vous parlez d'« un honnête homme », vous faites toujours allusion à ses qualités, sans renvoyer à son comportement sexuel.

Alors qu'« une honnête femme » est bien, selon *Larousse* : « une femme, une jeune fille chaste, s'abstenant de tout rapport avec les hommes en dehors du mariage ». Cela induit, encore une fois, d'une façon ô combien hypocrite, que si elle n'est pas honnête c'est une femme normale, donc une… salope.

Coquet > coquette

La coquetterie caractérise en général le souci de plaire aux personnes du sexe opposé et l'adjectif qui en découle peut donc s'appliquer indifféremment aux femmes et aux hommes. On peut en effet qualifier de coquet un garçon et même le prier de cesser de toujours faire « sa coquette ». Mais quand l'adjectif se fait nom, il devient exclusivement féminin et « la coquette » devient alors une allumeuse et autre provocatrice.

Savant > savante

Un homme est savant quand il sait beaucoup de choses, une femme savante, et cela depuis Molière bien sûr, est plutôt considérée comme une femme qui sait (ou qui prétend savoir) beaucoup trop de choses. Est-ce un hasard si nous lisons chez *Robert* : « Marie Curie fut un grand savant » et non « Marie Curie fut une grande savante » ?

Galant > galante

Un homme ou un rendez-vous peuvent être galants. Dans le premier cas, cet adjectif qualifie la courtoisie, la prévenance d'un homme à l'égard des femmes. Dans le second, il s'applique à tout ce qui a trait aux relations amoureuses comme un rendez-vous, mais aussi une aventure, une peinture, une histoire…

Or quand c'est une femme galante, il ne s'agit plus de courtoisie ou de prévenance ni de relations amoureuses, c'est une « femme aux mœurs légères ».

Vieux (garçon) > vieille (fille)

Quel sort est réservé à ceux ou celles dont le seul tort est de ne pas être mariés malgré un âge avancé ?

Le « vieux garçon » est un célibataire, au pire endurci, au mieux souvent loué d'avoir réussi à échapper au mariage. « La vieille fille » est une femme qu'aucun homme n'a eu envie d'épouser, d'où son étroitesse d'esprit et son côté acariâtre.

Ils n'ont pas de féminin

Où l'on voit que les noms de métiers ne sont pas les seuls à ne pas être dotés de féminin.

Gourmet

« Je suis gourmand, elle est gourmande » ; « Je suis gourmet, elle est gourmette. » Oups ! Ça ne marche pas vraiment, car quand le goût devient raffiné, il est réservé aux hommes. Les « fines gourmettes » n'existent pas, les « maîtresses queux » non plus, pas plus que les « chefs cuisinières » qui une fois étoilées deviennent des « femmes chefs » et même parfois des « cheffes ».

Gentleman

Nous avons emprunté ce mot aux Anglais pour désigner un homme distingué, très bien élevé. Faut-il en déduire qu'il n'existe pas de femmes distinguées et bien élevées ? Non, mais, une fois de plus, elles n'ont pas droit, elles, à leur propre appellation contrôlée, comme dans la langue de Shakespeare où il n'y a pas de *gentlewoman*. *Shocking*, n'est-il pas ?

Quant à notre gentilhomme français, il n'a pas et n'a jamais eu non plus de féminin. Formé avec l'adjectif « gentil », qui désignait à l'origine une personne bien née et dont le sens s'est étendu à des qualités de générosité et de noblesse, ce substantif est resté masculin. Nous n'avons pas de « gentillefemme », pourtant nous en connaissons et encore une fois nous avons les noms.

Bébé, nourrisson, nouveau-né

Fille ou garçon, ces petits êtres, ô combien innocents, qui viennent de naître sont **un** bébé, **un** nourrisson, **un** nouveau-né. Les pauvres ! Ça commence mal !

Mari

Un époux, une épouse, un mari… une… ne cherchez pas, ce n'est pas une marie : l'épouse du mari, c'est aussi une femme…

Femme ou épouse ? Si l'on fait précéder le mot « femme » d'un article possessif, celle-ci quitte aussitôt sa condition de femelle sexuée, de femme fatale, de femme sublime, de femme femme quoi, pour devenir une « épouse » ! À l'inverse, le mot « épouse », lui, n'a pas besoin d'article possessif car une épouse appartient derechef à un homme, alors qu'une femme est libre. Mauvaise pioche donc pour celle qui bénéficie de la condition d'épouse, car sa liberté de manœuvre est très réduite sinon nulle. Au masculin, elle n'a que le choix de « mon époux », alors que la femme peut opter entre « mon mari » ou « mon homme ». Dans ce dernier cas, elle se révèle plus amoureuse. Et pourquoi l'épouse ne serait-elle pas amoureuse de son époux ? Les statistiques sont là et il est prouvé que, à la Saint-Valentin, on offre plutôt des fleurs à « une » femme qu'à son épouse… L'épouse est effacée, Mme de Gaulle tricotait discrètement dans l'ombre du Général et

Mme Coty servait le potage (et non la soupe) à son époux.

Kennedy, lui, n'avait pas d'épouse, mais une jolie femme. Il disait d'ailleurs volontiers : « Je suis le type qui accompagne Jackie. »

L'épouse est forcément soumise. Ce n'est pas elle qui va retourner chez sa mère, c'est la femme. D'ailleurs on ne dit pas « mon épouse me trompe ».

L'épouse est attachante dans tous les sens du terme : on se l'est attachée par des colliers de perles, des cordons ombilicaux d'enfants, des kilomètres de clôture de propriété bourgeoise. Alors qu'une femme mariée est attachante pour des raisons plus humaines, plus vraies, plus charnelle. La femme est plus sensuelle que l'épouse ; la preuve, saint Jean parle dans son Évangile de la femme adultère et non de l'épouse adultère.

Enfin, l'épouse n'a qu'un droit, c'est d'être fidèle et à la rigueur jalouse... des autres femmes. Si elle est très sage, son époux l'emmènera à la préfecture pour une réception. « Monsieur le préfet, je vous présente mon épouse. » Ce qui n'empêchera pas celui-ci de dire en aparté à son chef de cabinet : « L'épouse de Machin est une belle femme », alors que madame la préfète, commentant plus tard sur l'oreiller la soirée à son préfet d'époux, dira : « La femme de Machin m'a paru une épouse parfaite. »

Pauvre épouse ! Qui ne peut en fait s'en prendre qu'à elle-même dans la mesure où c'est elle qui a choisi de privilégier sa condition de femme « conjointe par le mariage », plutôt que celle de personne de sexe féminin.

Hermaphrodite

Comment expliquer que cet être humain possédant des organes reproducteurs des deux sexes soit encore désigné par un substantif masculin ? Si ce n'est, encore une fois, qu'il y a des coups de pied dans les organes de reproduction de certains lexicographes machistes qui se perdent !

Cageot

Quand il désigne un récipient, « cageot » peut avoir un féminin, la « cagette », qui est un petit cageot. Mais lorsque, en 1968, une fille vilaine ou mal faite s'est retrouvée ainsi labellisée, le mot a perdu son féminin et c'est encore la gent féminine qui a bénéficié de cette triste exclusivité.

Nous avons beau chercher et regarder un cageot sous toutes ses coutures, nous ne nous expliquons pas comment cette petite caisse, *a priori* insignifiante, peut parfois se retourner contre des femmes mal dotées par la nature et qui n'y sont pour rien.

Boudin

Nous ne vous parlons évidemment pas de cet amalgame de sang de porc cuit, mélangé avec du lard, des œufs et un zeste de panade, glissé dans un boyau de cochon fraîchement décédé et apprécié par certains gastronomes de haut vol, mais de la façon fort déplaisante de qualifier une femme que l'on trouve petite et grosse, mal faite et sans grâce. Rien que ça ! Pire encore, il arrive que « boudin » serve à désigner une personne normale (*sic*) de sexe féminin : « Tu viens avec ton boudin ce soir ? » Et si les hommes étaient des porcs ?

Les noms de métiers

Vaste débat maintenant que celui de la féminisation des noms de métiers. C'est en 1999 que paraît le premier *Guide d'aide à la féminisation des noms de métiers, titres, grades et fonctions*, préfacé par Lionel Jospin. Depuis, rien n'est réglé mais tout change.

Avant d'en dire plus sur le sujet, nous ne résistons pas à l'envie de reproduire la dernière page surréaliste de ce guide :

Liste annexe
Proposition de masculinisation
des termes féminins

la, une	*le, un*
bonne	*domestique*
bonne d'enfants	*garde d'enfants*
chambrière	*valet de chambre*
dame de compagnie	*monsieur de compagnie*
jardinière d'enfants	*jardinier d'enfants*
sage-femme	*maïeuticien*
sténo(dactylographe)	*sténo(dactylographe)*

Et si nous complétions ce petit tableau à notre façon :

la, une	*le, un*
femme de chambre	*homme de chambre*
dame pipi	*homme pipi*
stripteaseuse	*stripteaseur*
effeuilleuse	*effeuilleur*
puéricultrice	*puériculteur*
aumônier	*aumônière*

Mais revenons à nos moutons, enfin à nos métiers, nos fonctions et nos grades. Il a fallu près de deux cents pages au linguiste Bernard Cerquiglini*, pour raconter l'histoire de leur féminisation. Il parle de « querelle », nous avons plutôt envie de parler de « guerre », quand on voit la violence de certaines réactions dont ces citations sont une parfaite illustration :

Maurice Druon : « L'aberrante, la vicieuse, l'absurde féminisation des noms de fonction », « ce monument de stupidité ».

* *La Ministre est enceinte, la grande querelle de la féminisation des noms*, Seuil, 2018.

Éric Dupond-Moretti : « Pourquoi pas école paternelle et la matinoire ? »

Frédéric Beigbeder : « Je ne supporte pas les *écrivaines*, c'est physique. J'attrape une éruption dès que je lis ce terme immonde », « *Autrice* ? Horrible ! Une craie qui crisse sur un tableau noir. »

Pourtant, malgré ces réticences et ces attaques, les choses évoluent lentement mais sûrement : « Ma professeure de maths est super sympa », nous écrivent nos enfants ; « Je suis conductrice de bus, chirurgienne, ingénieure… » Plus aucune avocate ne dit : « Je suis avocat. » Il reste quand même beaucoup à faire, enfin plutôt, beaucoup à « dire ».

Vous vous faites soigner les dents par une femme, pas de problème : « Tu devrais aller chez ma dentiste, je t'assure, c'est vraiment une excellente dentiste. » Votre médecin est une femme, alors là, patatras… Même si la dernière édition du *Robert* stipule qu'on peut dire « des femmes médecins », il fait remarquer : « Le féminin, rare, est la médecin. » C'est en effet très rare : « Il faut que tu vois ma médecin »…

On n'a qu'à dire « docteur », direz-vous. Mais ça n'est pas plus simple. Retournons chez

Robert : « Au féminin, on trouve aussi docteure sur le modèle du français du Canada. » Mais un peu plus loin on lit : « (D'une femme : La docteur Marie Dupont.) » Marie Dupont n'est donc pas une docteure.

Serait-elle une doctoresse ? Citons encore *Robert* : « Vieilli, femme munie du diplôme de docteur en médecine (on dit plutôt docteur). » Eh oui, on dit « Bonjour, docteur » et pas « Bonjour, doctoresse. » Vous suivez ?

Il nous reste quelques synonymes mais « toubib » est un peu familier et « thérapeute », « clinicienne », « praticienne » ne le sont pas assez… On est mal, et pas prêts d'être guéri(e)s !

Restons dans le domaine médical avec les introuvables « sages-hommes », assez peu nombreux mais qui ne sont pas devenus des « maïeuticiens », comme le préconisait le guide de 1999. Peut-être leur trouvera-t-on un autre nom que « sage-femme homme » ou « homme sage-femme » quand ils seront plus nombreux ?

Dans le monde de l'édition par exemple, que nous connaissons bien, l'éditeur est devenu « éditrice » depuis longtemps, le « correcteur », correctrice » et le rédacteur (même en chef), est devenu « rédactrice en chef »… Mais l'« autrice » a fait tellement jaser qu'elle a été remplacée par « auteure » qui semble s'imposer, comme « écrivaine ». N'en déplaise au camarade Beigbeder !

Autres exemples.

On attend que la factrice ne se contente plus de déposer notre courrier, car si elle fabrique des orgues, des pianos ou des flûtes, elle va devenir « une factrice d'orgues, de pianos ou de violons ». Réjouissons-nous au passage que la locution familière « fils ou fille du facteur » pour désigner un enfant né d'une union illégitime ait déserté notre vocabulaire.

Dans le bâtiment, 95 % des apprentis sont des garçons et les femmes ne sont que 11 %, et pour la plupart, des gestionnaires (pour ne pas dire secrétaires), mais peu de maçonnes, de charpentières ou de menuisières.

Sous les drapeaux, sans surprise, on ne compte que 15,5 % de femmes qui ne composent pas le gros de la troupe : 13,2 % parmi les militaires du rang, 17,4 % chez les sous-officiers et 14,5 % d'officiers. Mais ce ne sont pas encore des « officières ». Quant à la jeune femme qui a ouvert le défilé du 14 Juillet 2018, personne ne savait s'il fallait l'appeler **le** ou **la** colonel, et encore moins « colonelle » tant ce terme est encore réservé aux épouses desdits officiers. Et nous ne savons pas non plus (secret défense !) si ses hommes lui disent **mon** ou **ma** colonel…

Quant aux « cardinales », elles sont réservées pour l'instant aux « vertus ». Les femmes rabbins ne sont pas des « rabbines » mais des « femmes rabbins » ou des « rabbins femmes », les femmes pasteurs sont des « pasteures ». Personne ne sait par contre ce qui se passera si un jour l'Église se décide à nommer des « cardinales ».

Et oublions les machos qui proposaient « cheftaine » comme féminin de « chef » ou « rectale » pour « recteur », et espérons des avenirs plus « roses » et moins « bleus »…

Masculin-féminin ou féminin-masculin ?

Par quel mystère existe-t-il aussi des mots féminins que l'on masculinise parfois indûment ? Comme : aérogare, alcôve, algèbre, amibe, anagramme, antichambre, apostrophe, autoroute, azalée, caténaire, ébène, ecchymose, échappatoire, échauffourée, épitaphe, épithète, espèce, interview, obsèques, omoplate, oriflamme, primeur, stalactite, stalagmite, volte-face, volute.

Serait-ce parce que l'autoroute et l'aérogare sont plus importantes qu'une route ou qu'une gare, que l'oriflamme est plus prestigieuse qu'un drapeau ou que les primeurs sont plus précoces que les autres fruits et légumes qu'on hésite à les mettre au féminin ? On est en droit de se poser la question…

Passons maintenant à ces mots masculins qui, sans doute, parce qu'ils correspondent à des stéréotypes féminins, se retrouvent très souvent employés au féminin : acrostiche, alvéole, ambre, amiante, antidote, antipode, aphte, apogée, appendice, armistice, astérisque, augure, auspices, autographe, campanile, colchique, effluve, emblème, esclandre, haltère, hémisphère, jute, obélisque, opprobre, tentacule, viscère.

Est-ce parce que effluve nous fait penser à parfum, et qui dit parfum dit femme, que nous avons du mal à mettre ce mot au masculin et que les colchiques nous semblent trop frêles et fragiles pour être masculines ? Sans oublier l'astérisque probablement jugée trop petite pour mériter un autre genre que le sien…

En revanche, l'honnêteté nous oblige à dire que le pauvre augure, ne pouvant qu'être bon ou mauvais, doit certainement sa féminisation abusive à la liaison imposée par ces deux adjectifs.

Voilà, la messe est dit(e)… Que Dieu protège LA Reine…

> Quant à la sulfureuse « écriture inclusive », nous avons interrogé nos « Anciens » pour avoir leurs opinions (très contrastées…) :

Heureux.se qui, comme Ulysse, a fait un beau voyage,
Ou comme cestuy.ei-là qui conquit la toison,*
Et puis est retourné.e, plein.e d'usage et raison,
Vivre entre ses parents le reste de son âge !
Joachim du Bellay, *Les Regrets*

« Je dis que la peste soit de l'avarice, et des avaricieux.ses.
— Et qui sont-ils.elles ces avaricieux.ses ?
— Des vilains.es, et des ladres. »
Molière, *L'Avare*

« [...] je pensais plus modestement à mon livre, et ce serait même inexact que de dire en pensant à ceux.celles qui le liraient, à mes lecteur.rice.s. Car ils-elles ne seraient pas selon moi, mes lecteur.rice.s, mais les propres lecteur.rice.s d'eux.elles-mêmes... »
Marcel Proust, *Le Temps retrouvé*

Les bourgeois.es c'est comme les cochon.ne.s
Plus ça devient vieux.vieilles, plus ça devient bête...
Georges Brassens, *Les Bourgeois*

* Pour ceux, celles qui ne sont pas familier.ère.s de la langue de cette époque : *cestei* est le féminin de *cestuy*.

Noms d'oiseaux
et autres animaux

De l'ours mal léché au pigeon en passant par l'autruche, nous adorons utiliser les animaux pour imager nos propos avec des expressions qui s'appliquent aussi bien aux hommes qu'aux femmes. Ainsi, tous peuvent « avoir des yeux de merlan frit », intervenir comme « un éléphant dans un magasin de porcelaine » ou encore « être muets comme une carpe ».

Mais, ne nous y trompons pas, les noms d'oiseaux ou autres animaux qui désignent les femmes sont beaucoup plus nombreux. Et sans surprise, les comparaisons sont rarement flatteuses.

Poule

Nous voici dans la basse-cour où un ou quelques coqs se pavanent au milieu des poules. Cette domination qu'ils affichent sur les femelles qui les entourent est à l'origine d'expressions telles que « le coq du village » ou « fier comme un coq »... La poule, elle, sert à désigner, au choix, une fille de mœurs légères, la maîtresse d'un homme marié ou une femme entretenue. Dans ce dernier cas, si elle est de luxe, c'est plus cher évidemment.

Quand elle est mouillée, la locution peut s'appliquer à toute personne poltronne ou lâche. Ainsi un homme particulièrement peu courageux est « une poule mouillée ». On nous permettra de demander pourquoi on ne dit pas alors « coq mouillé » !

Dinde

Un homme peut être le « dindon de la farce », c'est-à-dire se faire berner par naïveté, être dupe de quelqu'un de moins naïf que lui, mais seules les filles et les femmes jugées sottes et prétentieuses sont traitées de « dindes ».

Et personne ne s'en prive. De Jules Renard : « Il y a toujours, dans la plus spirituelle des femmes, une petite dinde qui ne prend jamais le temps de dormir », à Yann Queffélec : « La dinde intégrale, ravissante et la cervelle en papier mâché », en passant par Pierre Desproges : « Survient l'hiver. Les nouveaux cons tuent la dinde. Les nouvelles dindes se zibelinent. »

Bécasse

Nous ne résistons pas à l'envie de reproduire ici cette définition de bécasse trouvée dans notre *Larousse du XX*^e^ *siècle* (1932) : « Par analogie, à cause de la stupidité de la bécasse commune, femme peu intelligente, simple et crédule. »

Nous ne savons évidemment pas si la bécasse est un oiseau plus bête que les autres, ce qui est sûr, c'est qu'un homme peu intelligent, simple et crédule (et nous avons des noms), ne se fait jamais traiter de « bécasse », ni de « bécassine » d'ailleurs.

Oie blanche

Oiseau sacré chez les Égyptiens et les Grecs, vénéré par les Romains qui s'étaient persuadés que les oies du Capitole avaient sauvé Rome, l'oie, nul ne sait pourquoi, est devenue au fil des siècles un symbole de sottise. Dès le XVIIIe siècle, on disait « n'avoir pas plus de sens qu'une oie », puis toute personne jugée sotte se voyait qualifier de « bête comme une oie ». Mais quand on a ajouté la couleur blanche au volatile, l'expression ne s'est plus appliquée qu'aux jeunes filles à qui l'on reprochait à la fois leur sottise et leur innocence.

Perruche

La perruche, contrairement à son cousin le perroquet, ne parle pas. Enfin, quand on dit qu'il parle, on veut simplement signifier qu'il est capable de reproduire certains mots. C'est pour cela que l'on peut qualifier quelqu'un qui répète sans comprendre de « perroquet ». La perruche, elle, se contente de faire des bruits avec son bec, de caqueter et se transforme ainsi en : « une femme bavarde qui fatigue par des propos sans intérêt ».

Pintade

Un ami, dont nul n'ignorait qu'il regrettait beaucoup de n'avoir eu que (*sic*) des filles alors qu'il rêvait d'un héritier mâle, les appelait « mes trois pintades ». Il les adorait et avait été choqué qu'on lui fasse remarquer que ce surnom était peut-être péjoratif.

« Comment ? Mais c'est très affectueux, c'est mignon, une pintade ! »

Personne n'a jamais osé lui demander si, c'eût été des garçons, il les aurait appelés « mes pintadeaux chéris ».

C'est pourtant mignons aussi, les pintadeaux...

Grue

Ce grand échassier qui se tient sur une de ses longues pattes au bord des étangs a inspiré nos ancêtres qui ont imaginé « faire le pied de grue » pour décrire quelqu'un qui attend longtemps debout. On ne s'étonnera donc pas que les prostituées attendant longuement leurs clients soient devenues des « grues » dès le XVe siècle.

Chouette

La chouette a de grands yeux ronds, la taupe les a très petits. L'une vole, l'autre creuse la terre. On pourrait supposer qu'elles n'ont rien en commun, et pourtant. Quand on leur ajoute « vieille », elles deviennent des « femmes désagréables ».

Il arrive la même chose à la bique. Une « vieille bique » est aussi une « vieille femme méchante ». Mais cette femelle du bouc a une autre corde à son arc. Elle peut aussi qualifier une femme jugée trop grande, sèche et maigre : « Tu la trouves jolie, cette grande bique ? »

Autrefois, cette grande femme sèche et maigre était aussi appelée « haridelle », du nom que l'on donnait à un mauvais cheval efflanqué. Mais ce mot, qu'il s'agisse des équidés ou des femmes, a heureusement déserté nos conversations. Qui s'en plaindra ?

Linotte

Ce petit passereau au nom charmant mais à la cervelle sans doute légère a donné naissance à « tête de linotte » pour « une personne qui agit à la légère, étourdiment, sans réflexion ». On peut ainsi dire qu'elle a une « cervelle d'oiseau ».

À noter que ces deux locutions concernent hommes et femmes, mais comme toujours avec une nette préférence pour les femmes.

Buse

Contrairement à d'autres rapaces, la buse ne se dresse pas pour la chasse au vol, ce qui lui vaut une réputation de stupidité dans le monde de la fauconnerie. Cette réputation s'est étendue au langage courant où son nom est symbole de sottise : « Quelle buse ! », voire « Triple buse ! ». Soyons honnêtes, les hommes sont aussi concernés, mais moins souvent que les femmes.

Même chose pour celles et ceux que l'on compare à la pie, oiseau jacasseur et voleur. On dit « voleur comme une pie » et « bavard comme une pie ». Mais cette dernière expression est plus souvent appliquée aux femmes qui évidemment jacassent plus…

Guenon

On dit d'un homme qu'il est « adroit comme un singe » pour vanter son agilité, « malin comme un singe » pour dire qu'il est astucieux, on peut même le qualifier de « laid comme un singe » si on ne le trouve pas beau, et aussi lui reprocher de « faire le singe » quand il fait des grimaces, mais une « guenon » n'est ni adroite ni maline : elle est très laide, point.

Grenouille et punaise

Vous pouvez traiter une personne dont la dévotion vous paraît extrême de bigot ou de bigote, voire de « cul-bénit ». C'est-à-dire indifféremment un homme ou une femme, mais chez ces dernières, le choix est plus large et cette paroissienne jugée trop assidue peut être en effet une « grenouille de bénitier » ou une « punaise de sacristie ».

Ces deux locutions sont péjoratives mais pas équivalentes. La première qui compare des femmes bavardant autour du bénitier à des batraciens coassant autour de leur mare n'est évidemment pas très flatteuse mais peut faire sourire. La seconde est plus brutale. La punaise est un insecte de mauvaise réputation qui sent mauvais lorsqu'on l'écrase et qui a acquis depuis bien longtemps un sens figuré et péjoratif : « personne méprisable (surtout en parlant d'une femme) ». Une « punaise de sacristie » est donc une femme peu recommandable qui s'incruste à l'église sans pour autant devenir meilleure.

Mais revenons à nos grenouilles qui, ô miracle, peuvent se transformer en poules quand elles s'éloignent du bénitier et se rassemblent à la sortie de l'église sous des auvents appelés, devinez quoi ? Des caquetoires ! Du verbe caqueter, « glousser en parlant des poules » et synonyme de « bavarder, tenir des propos futiles... ». Dieu reconnaîtra les sien(ne)s...

Inutile d'ajouter qu'il n'existe pas de « crapaud de bénitier » et encore moins de « cafard de sacristie ».

Morue

Mais pourquoi le nom de ce grand poisson des mers froides est-il devenu synonyme de prostituée ? D'aucuns évoquent l'argot des Halles. Toujours est-il que c'est aujourd'hui sans conteste une injure extrêmement blessante adressée à une femme. Reste à savoir ce qu'elle induit vraiment !

Thon

Encore un gros poisson, encore une injure, sans que l'on sache pourquoi. Alors qu'il existe d'autres poissons aussi gros que le thon, il faut que ça tombe sur lui pour désigner une « fille ou une femme grosse et laide ».

Baleine

Mais si cette femme est vraiment très, très grosse, on passe logiquement à la vitesse supérieure, la baleine étant le plus gros mammifère marin. Heureusement, et pour une fois, l'homme obèse lui non plus n'est pas épargné et on le traitera au choix d'éléphant ou d'hippopotame.

Reste que la « baleine », ou même pour ceux qui ne reculent devant aucun pléonasme, la « grosse baleine », semble être exclusivement le triste apanage de la gent féminine.

Limande

Restons dans l'eau avec la limande qui évoque tristement une femme dont on juge la poitrine trop peu rebondie. Cette femme « plate comme une limande » qui peut être aussi une « planche à pain » ou une « planche à repasser » est donc comparée à un poisson plat. Mais il existe d'autres poissons plats, et pourquoi pas alors « plate comme une sole » ou « plate comme un turbot » ? Hasardons une hypothèse : la limande est un poisson moins recherché que la sole ou le turbot, alors quitte à être désagréable, autant faire allusion à ce poisson bas de gamme…

À propos de « planche à pain », citons la définition trouvée dans un de nos dictionnaires : « Femme qui n'a pas assez de poitrine. » Assez comment ? Assez pourquoi ? Assez pour qui ? Au secours, Olympe de Gouges, reviens !

Olympe de Gouges, oui, mais pas la comtesse de Gencé qui écrivait, en 1909, dans *Le Cabinet de toilette d'une honnête femme* : « Les seins doivent être de grosseur moyenne et plantés de façon que l'intervalle qui les sépare corresponde exactement à l'espace qu'occuperait un troisième sein de même dimension. L'espace compris entre les deux mamelons doit correspondre à l'intervalle qui, en ligne droite, sépare chacun d'eux de la cavité claviculaire correspondante. »

Tigresse

Revenons sur terre avec des quadrupèdes. La tigresse d'abord avec Corneille, dont personne n'a oublié le « Tigre altéré de sang, qui me défends les larmes » de Camille dans *Horace*. Mais pour évoquer un être cruel et impitoyable les comparaisons avec un tigre sont de plus en plus rares. Est-ce à cause du surnom donné à Clemenceau ou grâce aux publicitaires qui, dans les années soixante, avaient couvert la France de « réclames » : « Esso, mettez un tigre dans votre moteur » ?

On entend encore « jaloux comme un tigre », mais rien de commun avec « tigresse » qui renvoie couramment à une femme agressive et très jalouse.

Chameau

On peut dater très précisément l'année (1828) où le chameau est apparu comme un synonyme de prostituée. Les étymologistes nous expliquent que c'est en effet à cause de sa fonction de monture et parce qu'on jugeait aussi cet animal difforme.

Le sens a évolué et « chameau » est devenu une personne méchante, désagréable, autoritaire, acariâtre… Certes, le mot n'est pas exclusivement réservé aux femmes mais on entend plus souvent : « Quel chameau celle-là » que « Quel chameau celui-là ! ».

Expressions et autres adages

Les mots sexistes se ramassent à la pelle mais aussi les locutions figées, les expressions toutes faites qui servent à imager notre discours et qui révèlent la misogynie de notre langue.

Cherchez la femme !

En voilà une sans ambiguïté qui nous fait savoir que, à chaque fois qu'il se produit quelque chose de désagréable, c'est forcément une femme qui en est la cause.

Certes, mais si c'était une sirène et non un iceberg qui était à l'origine du naufrage du *Titanic* et si le coupable de l'attentat de Sarajevo était une femme, ça se saurait…

Parce que cette expression est à la mode depuis le XIXe siècle, on en a attribué la paternité à Alexandre Dumas père qui, dans *Les Mohicans de Paris*, fait dire au policier Joseph Fouch : « Il y a une femme dans toutes les affaires ; aussitôt qu'on me fait un rapport, je dis : "Cherchez la femme". »

Cependant ce genre d'accusation n'était pas nouveau. Ne trouve-t-on pas sous la plume du poète romain Juvénal (*Satire VI*) cette affirmation péremptoire : « Il est peu de procès où l'ardente chicane / D'un sexe querelleur n'ait emprunté l'organe » ?

Tomber en quenouille

Voilà une expression autrement plus sournoise. Si on en ignore l'histoire, on comprend mal son sexisme et pourtant… Elle remonte à l'époque où les femmes utilisaient une quenouille pour filer la laine.

Au XVIe siècle, lorsque la possession d'un domaine ou de biens se retrouvait par succession entre les mains d'une femme dont le rôle se bornait à l'époque à s'occuper du ménage et à filer la laine, on disait qu'ils « tombaient en quenouille ». Et comme les femmes ne pouvaient évidemment pas être aussi performantes que les hommes pour gérer cet héritage, « tomber en quenouille » est vite devenu synonyme de « laissé à l'abandon », puis de « perdre de sa valeur, échouer ».

Alors, pour évoquer ce qui n'aboutit pas comme on le souhaite ou si des projets longuement mûris finissent par échouer, préférons « tomber à l'eau » à « tomber en quenouille » puisque les femmes n'ont rien à voir là-dedans…

Comme une poule qui a trouvé un couteau

Pourquoi une poule ? Vous avez essayé de donner un couteau à un coq ? Vous croyez vraiment qu'il s'en sortirait mieux ? L'image est marquante et on a du mal à imaginer ce que pourrait bien faire un volatile tenant dans son bec un couteau. Or, si vous donnez un couteau à votre chat ou à votre chien, on ne voit pas bien non plus l'usage qu'il va pouvoir en faire… Mais il se trouve que, pour illustrer le fait d'être complètement déconcerté, on n'a pas trouvé mieux que cette pauvre poule.

Et ce n'est pas tout. C'est encore elle qui est synonyme de « jamais ». Même si pour Raymond Queneau : « Quand te marieras-tu ?

– Quand les poules auront des dents. Y en a qui en ont », nous, les Français, c'est toujours la poule que nous mettons en scène. Nos voisins, eux, préfèrent d'autres animaux… Les Anglais : « *When the pigs begin to fly* » (Quand les cochons se mettront à voler), les Espagnols : « *Cuando las ranas crien pelos* » (Quand les grenouilles auront des poils) et les Allemands : « *Wenn die Hünde mit dem Schwanz bellen* » (Quand les chiens aboieront avec la queue).

Se crêper le chignon

Quand des hommes ne sont pas d'accord, ils en « viennent aux mains » et finissent par « faire le coup de poing ». Les femmes, grâce à leur chevelure, ont d'autres ressources : elles peuvent « se prendre aux cheveux » ou même « se crêper le chignon ». Expression autrement plus évocatrice et drôle.

Quant à notre grand Georges, il n'hésite pas, non sans nous faire sourire, à transformer les « gaillardes » de Brive en « furies » lorsqu'elles s'attaquent aux gendarmes :

Au marché de Brive-la-Gaillarde
À propos de bottes d'oignons
Quelques douzaines de gaillardes
Se crêpaient un jour le chignon.
À pied, à cheval, en voiture,
Les gendarmes mal inspirés
Vinrent pour tenter l'aventure
D'interrompre l'échauffourée

Or, sous tous les cieux sans vergogne,
C'est un usage bien établi,
Dès qu'il s'agit de rosser les cognes
Tout le monde se réconcilie.
Ces furies perdant toute mesure
Se ruèrent sur les guignols,
Et donnèrent je vous l'assure
Un spectacle assez croquignol.

Un remède de bonne femme

Pierre Larousse, encore lui, dans son *Grand Dictionnaire universel*, affirme que les remèdes de bonne femme sont des « remèdes populaires ordonnés et administrés par des personnes étrangères à l'art de guérir ». Sans préciser toutefois s'ils sont ou non efficaces. Et pourtant, au fil du temps, sans doute à cause de l'évolution du progrès scientifique, ce « remède de bonne femme » est devenu synonyme d'un remède jugé sans grand intérêt, voire inefficace.

Mais ce que Pierre Larousse se défend bien d'expliquer, c'est pourquoi ces « personnes étrangères à l'art de guérir » sont des « bonnes femmes » ! Les étymologistes non plus. L'origine de cette locution est l'objet de plusieurs hypothèses revendiquées par certains et mises en doute par d'autres. Nous vous épargnons ces querelles de spécialistes et nous nous contentons de constater qu'un remède à l'efficacité douteuse n'est pas un « remède de bonhomme » !!!

Le repos du guerrier

C'est Nietzsche qui fait dire à Zarathoustra : « L'homme doit être éduqué pour la guerre, et la femme pour le repos du guerrier : tout le reste est folie ! » Et vlan, c'est du lourd !

Malgré le regain de popularité que valurent à cette expression le roman de Christiane Rochefort en 1958, puis le film de Vadim en 1962, il apparaît qu'il ne vient plus à l'idée de qui que ce soit de qualifier ainsi les femmes, enfin presque…

Bouche en cul de poule

Nul besoin de vous décrire la forme d'une bouche en cul de poule ni de vous préciser que les lèvres formant un cercle légèrement saillant font évidemment penser au croupion de n'importe quel volatile.

Mais plus difficile d'expliquer que cette grimace signifie que l'on minaude, que l'on prend un air mielleux pour obtenir quelque chose. Serait-ce l'imitation exagérée d'un baiser que l'on enverrait à quelqu'un qu'on n'a pas vraiment envie d'embrasser ? En tout état de cause, c'est encore notre pauvre poule qui en prend plein les plumes pour décrire cette espèce de moue…

Porter la culotte

Au XVIIIe siècle, les hommes portaient des culottes et dirigeaient les ménages. Et lorsqu'une femme usurpait une quelconque autorité à son mari, on lui reprochait fort logiquement (?) de s'approprier quelque chose qui ne lui était pas destiné.

Aujourd'hui, alors que les pantalons ne sont plus réservés aux hommes, et c'est tant mieux, on oserait espérer que cette expression passe enfin à la trappe.

Y a du monde au balcon

On ne saura jamais qui a eu un jour la déplorable idée de comparer la poitrine opulente d'une femme avec le balcon d'un théâtre où se presse la foule pour mieux voir la scène. En tout cas, l'image de fort mauvais goût a fait florès et ce n'est pas une bonne nouvelle pour la gent féminine.

Le plus affligeant, c'est que les fabricants de lingerie aient baptisé « balconnets » des soutiens-gorge découvrant largement le haut de la poitrine.

Pas de ça, Lisette !

Vous n'êtes pas d'accord et, quel que soit le sexe de votre interlocuteur, vous allez peut-être l'appeler Lisette, au lieu de dire : « Pas de ça, Léon » ou « Pas de ça, Marcel ». Comme pour donner plus de poids à votre dénégation, vous choisissez un prénom féminin. Pourquoi ? Mystère…

Si, au XVIIIe siècle, ce diminutif de Lise stigmatisait les jeunes filles trop délurées, ce n'est pas une raison pour en remettre une couche.

En voiture, Simone !

En 1929, Simone Louise Pinet de Borde des Forest étonna son monde en passant son permis de conduire et même en participant à des courses automobiles. Elle devint ainsi une sorte de symbole des femmes conductrices, ce que les hommes avaient sans doute un peu de mal à digérer. D'où l'expression : « En voiture, Simone ! » lorsqu'une femme s'avisait de prendre un volant.

Mais c'est plus tard, en 1962, que Guy Lux et son émission « Intervilles » popularisa l'expression en interpellant ainsi sa coprésentatrice Simone Garnier.

Rien *a priori* de sexiste dans cette exclamation, sauf dans sa totalité : « En voiture Simone, c'est moi qui conduis, c'est toi qui klaxonnes ! »

Faire sa Sophie

« Faire sa Sophie », au XIXe siècle, concernait les femmes qui affectaient la pruderie et, pour le dire plus simplement, qui faisaient leur « mijaurée ».

Mais pourquoi ce prénom ? Deux hypothèses, dont une renvoie à la mythologie grecque où Sophia était la déesse de la sagesse. Sagesse que certaines s'attribuaient à tort.

La seconde nous plonge dans le monde des modistes de l'époque qui avaient baptisé « Sophie » les mannequins en carton dont elles se servaient pour fabriquer leurs chapeaux. À vous de choisir !

Et ta sœur ?

Une chanson faisait, à une certaine époque, les beaux jours des cabarets : *Et ta sœur ! Est-elle heureuse ?*

Et voilà que de mauvaises langues ont imaginé de la détourner pour mettre en cause une exagération… sans grand ménagement. On l'enrichit même parfois : « Et ta sœur ? Elle bat le beurre ! »

Osons courageusement une hypothèse : on ne dit pas « Et ton frère ? » parce que frère ne rime pas avec beurre.

Ce que femme veut, Dieu le veut

Ce proverbe est tellement ancré dans notre langue que l'on se contente généralement de n'en citer que la première partie. « Ce que femme veut... » suffit à faire comprendre que l'on fait allusion à l'obstination légendaire des femmes et qu'il ne sert à rien de s'opposer à leurs volontés.

Quant à savoir si ce proverbe à l'origine inconnue est misogyne, nous ne prendrons pas partie, la constance, la ténacité ou la persévérance, synonymes d'obstination, n'étant pas forcément des défauts...

Souvent femme varie...

Attribué à François Ier, voilà un adage lui aussi souvent tronqué, ce qui en atténue la portée. On peut imaginer que c'est une allusion à une éventuelle légèreté de comportement.

Mais il devient nettement moins anodin si on le cite en entier « ... Bien fol est qui s'y fie ! » Eh oui, c'est encore un avertissement aux hommes qui ne doivent pas faire confiance aux femmes. D'ailleurs, les amateurs d'opéra, fans de *Rigoletto*, ne s'y trompent pas...

La donna è mobile
Qual piuma al vento,
Muta d'accento – e di pensiero.
Sempre un amabile,
Leggiadro viso,
In pianto o in riso – è menzognero.

Comme la plume au vent
Femme est volage
Est bien peu sage – qui s'y fie un instant.
Tout en elle est menteur,
Tout est frivole,
C'est chose folle – que lui livrer son cœur
Femme varie, femme varie,
Fol qui s'y fie – un seul instant

Faire la jeune fille de la maison

Robert : « L'emploi le plus fréquent de nos jours est ironique et s'applique volontiers à un homme. »

Donc Paulette peut dire à Paul : « Viens faire la jeune fille de la maison avec moi, passe les olives, je passe les chips. »

Les usages ont changé, puisqu'il peut arriver que des hommes fassent le service. Alors pourquoi Paulette ne demande-t-elle pas à Paul de « faire le jeune garçon de la maison » ? Parce qu'il ne comprendrait probablement pas ce qu'elle veut dire. On se demande vraiment pourquoi ?

Faire tapisserie

Ne fréquentant plus guère les endroits où l'on danse aujourd'hui, nous ignorons si l'on plaint encore les jeunes filles qui n'ont pas de cavaliers en disant qu'elles font « tapisserie ».

À ce sujet, ce qu'écrit la comtesse de Tramar, dans *L'Étiquette mondaine : usages de la société moderne dans toutes les circonstances de la vie* (1905), nous paraît assez cocasse : « Les femmes qui ne dansent pas ne doivent pas occuper les chaises de premier rang, elles les laissent pour les danseuses. On a fort peu aimablement baptisé "Tapisseries" les mamans et les personnes qui paraissent à un bal sans danser : c'est pourtant de leur part un très grand dévouement de se déranger pour regarder les autres s'amuser. Mais qu'elles ne se désolent pas de ce surnom qui n'a rien de désobligeant d'ailleurs, quoique donnant à penser à quelque objet antique. Les tapisseries sont de fort belles pièces, de très grand luxe et fort rares. Il vaut mieux prendre les choses par le bon côté que de s'en froisser, c'est la philosophie de la vie. Chaque âge a ses plaisirs. »

Faire le clown

Les femmes sont entrées en force dans le monde de l'humour, et quand on parle d'elles on dit « une humoriste », « une comique » et même « une clown » (encore que… pas très souvent). En revanche, nous n'avons pas l'impression qu'on est sur le point de leur dire : « Allez, Florence, ça va, arrête de faire **la** clown. »

S'en battre les couilles

Difficile quand on n'en a pas… Mais d'après une amie professeure dans un quartier difficile : « Les filles s'approprient des expressions masculines, comme si féminiser la vulgarité lui ôtait une partie de son efficacité. On peut donc les entendre dire que quelque chose "coûte la peau des couilles" ou "ma copine, elle a des couilles" ou encore traiter quelqu'un (fille ou garçon) de "couilles molles" et même souvent "Tu me casses les couilles" ou "Je m'en bats les couilles". Je n'ai jamais entendu : "Tu me casses les seins" ou "Je m'en bats la poitrine". En revanche, lorsqu'une de mes élèves s'est exclamée "Je m'en bats le clito", je n'ai pu m'empêcher d'applaudir. »

Vous aurez noté l'usage immodéré du mot « couilles » dans nos expressions familières. Il y en a d'autres : « tenir quelqu'un par les couilles », « partir en couilles », « casse-couilles », « il y a une couille dans le potage », « se faire des couilles en or », « à couilles rabattues »…

Nous n'avons par contre trouvé le mot « sein » que dans « réchauffer un serpent dans son sein » et « ça me ferait mal aux seins ». Et encore, cette dernière expression est-elle très concurrencée par « ça me ferait mal au cœur ou au ventre… ».

Nique ta mère !

Il semblerait que cette expression soit réservée aux jeunes mâles. Ce qui est évident, c'est que « Nique ton père ! » n'existe pas.

Ils ont osé !

“Oui, Bach, Mozart, Dieu, elles commencent toujours par ça. Et quinze jours plus tard, trapèze volant sur le lit.”

Albert Cohen

“J'ai souvent envie de demander aux femmes par quoi elles remplacent l'intelligence.”

Alain

“Le tout n'est pas d'avoir une jupe, c'est d'avoir quelque chose dans la tête.”

Cardinal André Vingt-Trois

“ Être une femme dispense au moins d'en avoir une.”

Roland Dubillard

“ Le premier qui compara une femme à une rose fut un poète, le second un imbécile.”

Gérard de Nerval

“ La femme est, selon la Bible, la dernière chose que Dieu a faite. Il a dû le faire le samedi soir ; on sent la fatigue.”

Alexandre Dumas fils

“ Qu'y a-t-il de pire qu'une femme ? Deux femmes.”

Jean Cocteau

“ Garçon a deux féminins : « fille » et « garce ».”

Gilbert Cesbron

“Une femme entre dans votre vie, c’est merveilleux ; elle en sort, c’est providentiel.”

Paul Morand

“Dépourvue d’âme, la femme est dans l’incapacité de s’élever vers Dieu. En revanche, elle est en général pourvue d’un escabeau qui lui permet de s’élever vers le plafond pour faire les carreaux. C’est tout ce qu’on lui demande.”

Pierre Desproges

“Quand un homme dit des obscénités à une femme, c’est du harcèlement sexuel. Quand c’est une femme qui dit des obscénités à un homme, c’est 3,95 euros la minute.”

Steven Wright

“Enfin seul, sans « s ».”

Jules Renard

“Si la femme était bonne, Dieu en aurait une.”

Sacha Guitry

“C’est la moins folle femme de France, car de sage il n’y en a pas.”

Louis XI en parlant
de sa fille
Anne de Beaujeu

“Celui qui réussit avec les femmes est celui qui sait s’en passer.”

Ambrose Bierce

“La femme rend lâche. C’est elle qui conseille au gréviste de rentrer à l’usine, à l’artiste de faire du commerce, au soldat de plier le dos. Parce qu’elle ne pense qu’à la pâtée et qu’elle a un pot-au-feu dans le cœur.”

Roland Dorgelès

“Le baisemain, c’est un bon début. Ça permet de renifler la viande.”

Olivier de Kersauson

“Toutes les femmes écrivent, on ne trouve même plus de femmes de ménage.”

Paul Léautaud

“J’épouserais plus volontiers une petite femme qu’une grande, par cette raison que, de deux maux, il faut choisir le moindre.”

Louis-Auguste Commerson

“La seule chose qu’on puisse tenir pour certaine quand une femme vous dit : “Je serai prête dans cinq minutes”, c’est qu’elle parle français.”

Pierre Dac

“ J'ai toujours été étonné qu'on laissât les femmes entrer dans les églises. Quelle conversation peuvent-elles tenir avec Dieu ? ”

Charles Baudelaire

“ Une fois cuite, l'écrevisse se fout éperdument de savoir qui lui suce la queue. ”

José Artur

“ Un ministère de la Condition féminine ? Et pourquoi pas un secrétariat au Tricot ? ”

Charles de Gaulle

“ Beaucoup moins de femmes se coucheraient si elles pouvaient obtenir verticalement les compliments qu'elles obtiennent allongées. ”

André Malraux

“Je suis pour le partage des tâches ménagères. À la maison, par exemple, c'est moi qui passe l'aspirateur… à ma femme.”

Philippe Geluck

“Oh ! L'éternel féminin, comme disait le monsieur dont la femme n'en finissait pas de mourir.”

Alphonse Allais

“Tous les matins, j'apporte à ma femme le café au lit. Elle n'a plus qu'à le moudre.”

Pierre Desproges

Remerciements

Un grand merci à notre entourage immédiat pour son soutien enthousiaste, et en particulier à Fanfan et Isabelle pour leurs suggestions avisées.

Table

Des mêmes auteurs

Marie Deveaux

Comment traire une poule ? Manuel à l'usage des nouveaux campagnards (avec Hubert Deveaux), Chiflet & Cie, 2006.

Comment recomposer une famille décomposée (avec Hubert Deveaux), Chiflet & Cie, 2007.

Il faut bien que génisse se passe ! Dictionnaire de la campagne (avec Hubert Deveaux), Chiflet & Cie, 2010.

Brèves de l'histoire de France et autres raccourcis (avec Hubert Deveaux), Tallandier, 2012.

Qui va à la chasse perd sa place ! Les mots de la chasse dans notre langue, (avec Hubert Deveaux), Éditions du Gerfaut, 2017.

L'arbre qui cache la forêt. Les mots des arbres dans notre langue, (avec Hubert Deveaux), Éditions du Gerfaut, 2018.

Jean-Loup Chiflet

La Théière de Chardin, Garnier, 1979.

Agenda du VIP (Very Important Person), Garnier, 1981.

Almaniaque de la France profonde, AMP Éditions, 1982.

La Khoménie du pouvoir, Scorpio, 1982.

Sky My husband ! Ciel mon mari !, Hermé, 1985.

FDG, le Guide du futur directeur général, Hermé, 1986.

Les Meilleures Histoires de bonnes manières et autres préceptes auxquels vous avez échappé !, Carrère, 1987.

Sky ! My Teacher : cours d'anglais très particuliers, Carrère, 1987, 1988.

Almanach Hachette 1989, Hachette Pratique, 1988.

Heaume Sweet Home, Dictionnaire illustré des homonymes francoanglais, Harrap's, 1989.

L'Agenda du jet set, Le Cherche Midi, 1990.

Édouard, ça m'interpelle ! Le français nouveau est arrivé, Belfond, 1991.

Le dictionnaire des mots qui n'existent pas, Hors Collection, 1992.

Un si gentil petit garçon, Mémoires, Payot, 1992, et « Points », n° 1912.

L'Anglais saugrenu, Payot, 1993.

Sky Mr. Algood ! Parlons français avec M. Toubon, Mille et une Nuits, 1994.

Quarante ans et après... Le livre de ma vie, Hors Collection, 1994.

Y a-t-il une courgette dans l'attaché-case ? Comment parler anglais en parlant français, Belfond, 1994.

Élysée, première année : cours élémentaire, Jean-Claude Lattès, 1995.

Sky ! My Friend : petit traité de la mésentente cordiale, Robert Laffont, 1995.

Victoria en son temps, Mango Jeunesse, 1996.

Le Nouveau Guide du VIP (Very Important Prisonnier), Archipel, 1996.

J'apprends l'anglais avec la reine, Payot, 1997.

Rien à foot (illustrations de Cabu), Mille et une Nuits, 1998.

La Femme du train, roman, Anne Carrière, 1998.
Sky My Husband ! 2 : The Return, Hermé, 1998.
Et si on appelait un chat un chat ? Le correctement incorrect, Mots et Cie, 1999.
Ad aeroportum ! (À l'aéroport !) : le latin d'aujourd'hui, Mots et Cie, 1999.
Le Cafard laqué : les mots-portemanteaux, Mots et Cie, 1999.
Nouilles ou pâtes ? Le bon sens des mots, Mots et Cie, 1999.
Mes perles de culture : un catalogue déraisonné, Mots et Cie, 2000.
Wit spirit : L'humour anglo-saxon, Mots et Cie, 2000.
L'Almanach Chiflet 2001, Mots et Cie, 2000.
Ciel ! Blake : dictionnaire français-anglais des expressions courantes, Sky ! Mortimer : English-French Dictionary of Running Idioms, Mots et Cie, 2000.
Roger au pays des mots (illustrations de Cabu), Mots et Cie, 2001.
On ne badine pas avec l'humour : de l'humour et de sa nécessité, Mots et Cie, 2001.
Schtroumpfez-vous français ? Les schtroumpferies de la langue française, Mots et Cie, 2002.
Antigone de la nouille, Mots et Cie, 2002.
J'ai un mot à vous dire : un mot se raconte..., Mots et Cie, 2002.
Réflexions faites... et autres libres pensées, Mots et Cie, 2003.
Le Mokimanké : le dictionnaire des mots qui existent enfin ! (avec Nathalie Kristy), Mots et Cie, 2003.
Malheur au bonheur ! Le guide du sous-développement personnel, Mots et Cie, 2004.
Nom d'une pipe ! Dictionnaire français-anglais des expressions courantes, Mots et Cie, 2004.
Petit Dictionnaire des mots retrouvés (préface de Jean d'Ormesson), Mots et Cie, 2004.

The New Yorker, l'intégrale des dessins, Les Arènes, 2005.

Le Diconoclaste : dictionnaire espiègle et saugrenu, Chiflet & Cie, 2005.

Loftum Vaticanum : le vade-mecum du conclave, Chiflet & Cie, 2005.

So irresistible ! Deux siècles d'humour anglo-saxon, Chiflet & Cie, 2005.

So incredible ! Toujours plus d'humour anglo-saxon, Chiflet & Cie, 2006.

Le Coup de Chiflet, Chiflet & Cie, 2006.

Les mots qui me font rire et autres cocasseries de la langue française, Points, « Le Goût des mots », n° 1676, 2007 ; 2018 (nouvelle édition).

Comment résister aux fêtes de fin d'année, Chiflet & Cie, 2007.

… Suites et fins, Chiflet & Cie, 2008.

Sky My Husband ! The Integrale, Ciel mon mari ! L'intégrale, Dictionary of The Running English, Dictionnaire de l'anglais courant (illustrations de Pascal Le Brun), Points, « Le Goût des mots », n° 2037, 2008.

Porc ou cochon : les faux-semblants, Chiflet & Cie, 2009.

99 mots et expressions à foutre à la poubelle (illustrations de Pascal Le Brun), Points, « Le Goût des mots », n° 2268, 2009.

J'ai encore un mot à vous dire, Chiflet & Cie, 2010.

99 clichés à foutre à la poubelle, Points, « Le Goût des mots », n° 2503, 2010.

Oxymore mon amour. Dictionnaire inattendu de la langue française, Chiflet & Cie, 2011.

Le Mokifo (avec Nathalie Kristy), Chiflet & Cie, 2012.

Zadig et Voltaire. Perles de librairies, Chiflet & Cie, 2012.

99 proverbes à foutre à la poubelle, Points, « Le Goût des mots », n° 2915, 2012.

The New Yorker, l'humour au bureau, Les Arènes, 2012.

Dictionnaire amoureux de l'humour, Plon, 2012.
Mes antidictées, Chiflet & Cie, 2014.
Dictionnaire amoureux de la langue française, Plon, 2014.
Sky My Boss ! Ciel mon patron ! Guide insolite de l'anglais des affaires, Points, « Le Goût des mots », n° 4200, 2015.
Le bouquin de l'humour, Bouquins, Robert Laffont, 2015.
Ciel mon ortograf !, Éditions des Équateurs, 2016.
Cher Dieu… Histoire d'une crise de foi, Chiflet & Cie, 2016.
Bon appétit !, Les Arènes, 2016.
Petit Traité singulier des pléonasmes insoupçonnés, Le Figaro, « Mots & Cætera », 2017.
Les Nuances de la langue française, Le Figaro, « Mots & Caetera », 2017.
« Je n'ai pas encore le titre », Plon, 2017.
Oxymore & compagnie. Dictionnaire inattendu de la langue française (illustrations d'Anne Camberlin), Chiflet & Cie, 2017.
Triptyque amoureux de la langue française (avec Jean Maillet), Le Figaro, « Mots & Caetera », 2017.
100 expressions savoureuses à partager entre petits & grands (illustrations de Caroline Gaujour), Le Figaro, 2017.
Balade littéraire parmi les figures de style : vous avez dit anaphore ?, Le Figaro, « Mots & Caetera », 2018.
Ces mots perdus au fond de nos dictionnaires, Le Figaro, « Mots & Caetera », 2018.
Le Français malmené, et alors ?, Robert Laffont, « Mauvais esprit », 2018.
Le Bouquin de l'humour involontaire, Robert Laffont, « Bouquins », 2018.
Trois hommages à la langue française, Le Figaro, « Mots & Caetera », 2018.

MIXTE
Papier issu de
sources responsables
FSC® C003309
FSC
www.fsc.org

L'Éditeur de cet ouvrage s'engage
pour la préservation de l'environnement
et utilise du papier issu de forêts gérées
de manière responsable

Achevé d'imprimer en février 2019
dans les ateliers de Normandie Roto Impression s.a.s.
61250 Lonrai
N° d'impression : 1900579
Imprimé en France